Tener la palabra

Lernwortschatz zur
Textarbeit

von
Christoph Wurm

ERNST KLETT VERLAG
STUTTGART DÜSSELDORF LEIPZIG

Índice

Lernen mit *Tener la palabra*

● Wer?

Dieser Lernwortschatz ist für Spanischlernende mit geringen Vorkenntnissen konzipiert, die ihre Fähigkeit schulen wollen, Texte mündlich oder schriftlich zu kommentieren, zu analysieren und zu produzieren. Er richtet sich insbesondere an Schülerinnen und Schüler mit Spanisch als spätbeginnender Fremdsprache ab Klasse 11, Abiturientinnen und Abiturienten zur Prüfungsvorbereitung, aber auch an Hispanistikstudierende in den ersten Semestern, die erst zu Beginn des Studiums anfangen, Spanisch zu lernen.

Tener la palabra ermöglicht den Lernenden, ihren Wortschatz im Bereich Textarbeit systematisch und themenbezogen zu festigen und erweitern. Es eignet sich zum Einsatz im Unterricht ebenso wie zum gezielten Selbststudium, z.B. zur Vorbereitung von Klausuren und oder der Abiturprüfung.

● Was?

Tener la palabra enthält – nach 15 Themen bzw. Funktionszusammenhängen geordnet und im für das dauerhafte Behalten so bedeutenden Kontext – die wichtigsten ca. 1200 Vokabeln, Ausdrücke und Wendungen, die beim Sprechen und Schreiben über Texte gebraucht werden. Es umfaßt insbesondere den nötigen Wortschatz zur Analyse von literarischen Texten, zur Benennung der Autorenintention, zur Bildbeschreibung sowie zur eigenen Textproduktion (z.B. Inhaltsangaben, Briefe, argumentative Texte).

Die thematische Gliederung erlaubt zielgerichtetes Lernen in übersichtlichen und in sich abgeschlossenen Einheiten. Die Lernenden werden so in die Lage versetzt, sich in einem bestimmten thematischen Zusammenhang auszudrücken, bevor sie sich einen umfangreichen Wortschatz erarbeitet haben.

Die themenbezogene Aufteilung ermöglicht außerdem die Festlegung einer individuellen, lehrplanbedingten oder themenabhängigen Reihenfolge, denn mehrfach vorkommende Ausdrücke werden in jedem Kapitel wiederholt; nur innerhalb eines Kapitels werden sie in der Regel nach dem ersten Auftauchen als bekannt vorausgesetzt.

● Wie?

Jede Seite ist zweigeteilt: In der linken, breiteren Spalte werden die zu lernenden Vokabeln im Satzzusammenhang präsentiert; der spanische Lernwortschatz ist dabei fett gedruckt. Auf der rechten Seite findet sich die deutsche Übersetzung dieser Vokabeln und Ausdrücke.

Die Darstellung ist mäßig syntagmatisch, d.h. Satzteile, die in allen Sätzen eines Abschnitts gleich sind, werden nur einmal angegeben; die im Satzzusammenhang austauschbaren Vokabeln oder Ausdrücke – was nicht immer gleichbedeutend mit synonym ist – werden untereinander aufgeführt. Ein Längsstrich gibt jeweils an, welche Satzelemente miteinander kombiniert werden können. Ein Beispiel:

En esta época	se produjo	un **cambio**.
En este siglo	se efectuó	
	surgió	un **conflicto**.
	se desarrolló	

Dies bedeutet, daß in diesem Abschnitt die Bildung folgender Sätze möglich ist: En esta época se produjo un cambio. En esta época se efectuó un cambio. En esta época surgió un conflicto. En esta época se desarrolló un conflicto. En este siglo se produjo un cambio etc. Nicht aber: ✵ En esta época se produjo un conflicto. oder ✵ En este siglo surgió un cambio.

Ein Register sowohl der spanischen Stichwörter als auch der deutschen Übersetzungen, jeweils einschließlich ihrer Fundstellen, schließt das Bändchen ab. Es bietet zusätzliche grammatische Informationen, die aus dem Satzkontext des Textteils nicht immer hervorgehen (z.B. das Genus der Substantive durch die Beigabe des Artikels oder die femininen Formen der Adjektive).

Capítulo 1: Contar algo

1. Introducción: situar una narración en el tiempo

Un día	tuve un problema.	eines Tages
Ayer		gestern
Anteayer		vorgestern
El otro día		neulich
El 5 de mayo		am 5. Mai
Hace poco		vor kurzem
Anoche		gestern Abend/Nacht
Anteanoche		vorgestern Abend/Nacht

Ayer	**por la mañana**	hablé con Pilar.	morgens
	por la tarde		nachmittags
	por la noche		abends, nachts

A primeros	de abril	visité a mi amigo Roberto en Barcelona.	Anfang
A mediados			Mitte
A finales			Ende
En 1996			1996, im Jahr 1996

En aquel entonces	Dolores vivía en Barcelona también.	zur damaligen Zeit
En aquella época		damals

A veces	me levanto a las seis y media.	manchmal
De vez en cuando		ab und zu
Muchas veces		oft, häufig
Generalmente		normalerweise
Día a día		tagaus, tagein
Los lunes		montags

Todos los días	voy a Madrid.	jeden Tag
Todos los años		jedes Jahr
Todas las semanas		jede Woche

Suelo desayunar en un café cerca de la estación de metro.	ich pflege zu …, ich … gewöhnlich

2. Estructurar una narración

Primero cogí el metro en la estación Atocha. Fui a Sol.	zuerst

Entonces	me bajé de la línea azul.	dann, danach
Después	cambié a la línea roja.	dann, danach
Luego		dann, danach

Antes	de salir	avisé a Dolores.	vor (*zeitlich*)
Después	de mi salida		nach (*zeitlich*)

Pilar me llamó	**antes de que** yo avisara	a Dolores.	bevor
	después de que yo había avisado		nachdem

En cuanto*	llegue, se lo diré —pensé.	sobald
Tan pronto como*		sobald
Cuando*		sobald

Cinco minutos	**antes**	encontré a Pilar de nuevo.	zuvor
Unos días	**después**		später
	más tarde		später

A poco de irme	vi a Pilar.	kurz nachdem
De repente		plötzlich

En seguida me dirigí a ella.	sofort

Poco a poco	fui calmándome.	nach und nach
Al mismo tiempo	ella también se tranquilizaba.	zur selben Zeit

Mientras*	hablaba, Pilar miraba a todas partes.	während
	no te calmes, no conseguiremos nada.	solange

Mientras tanto	Dolores	ya había salido.	währenddessen
Entretanto		ya estaba en la calle.	inzwischen, unterdessen
		llegó.	

Hablamos en el café	**hasta** la una.	bis
	hasta que cerraron.	bis (dass)

Hablaremos del asunto **hasta que*** lo solucionemos.	bis (dass)

Für die mit * gekennzeichneten Ausdrücke wie für zahlreiche weitere *temporale Konjunktionen* gilt:

Der *subjuntivo* wird verwendet, wenn diese einen Nebensatz einleiten, der sich auf etwas Zukünftiges bezieht (das Ereignis ist also noch ungewiss ist).

3. Fin

Finalmente	solventamos las dificultades.	schließlich
Al fin		schließlich, endlich
Por fin		endlich

Al final de la noche llegamos a un acuerdo.	am Ende

Terminé por rechazar el proyecto.	ich habe schließlich

Capítulo 2: Expresar opiniones

1. Pedir opinión

¿Qué	**opina**	usted	sobre	este problema?		meinen
	piensa			este asunto?		denken
¿Cuál es su	**opinión**					Meinung
	parecer					Meinung

Me interesa **lo que usted piensa**. was Sie denken

¿Qué le(s) parece si leemos este libro? Was halten Sie davon

¿Comparte usted esta opinión? teilen

¿Está usted **de acuerdo con** Juan? sind Sie einverstanden mit

¿Es usted de **la misma opinión que** el autor? sind Sie derselben Meinung wie

Justifíquelo. begründen Sie es

| Justifique su opinión | **dando** | ejemplos. | | indem Sie geben |
| | **añadiendo** | | | indem Sie anfügen |

¿Qué **alternativas** hay? Alternativen

¿Le(s) parece una idea realista **o más bien** utópica? oder eher

¿Cómo se	puede	**resolver**	el problema?	lösen
	podría	**solucionar**		lösen
		solventar		lösen

2. Dar opinión

| **Me parece** | que la situación es difícil. | mir scheint |
| **Opino** | | ich meine |

| **No** | **creo** | que la situación sea fácil. | ich glaube nicht |
| | **pienso** | | ich denke |

> Nach *Verben der Meinungsäußerung* steht der *subjuntivo*, wenn diese verneint gebraucht werden.
> In bejahten Sätzen dagegen steht der Indikativ.

| Me parece | **bien** | que el autor tenga en cuenta que … | gut |
| | **mal** | | schlecht |

Soy de la opinión de que el autor habla de sí mismo. ich bin der Meinung, dass

En	mi opinión,	los argumentos son interesantes.	meiner Meinung nach
Según			gemäß, nach
A mi	juicio,		meiner Meinung nach
	modo de ver,		[meiner] Meinung/Ansicht [nach]
	entender,		[nach meinem] Verständnis

Para mí,	la intención del autor es manipular.	für mich
Desde mi **punto de vista**	el autor no conoce bien el problema.	Standpunkt
Supongo que		ich vermute

Estoy	seguro	de que hay una solución.	ich bin sicher
	segura		

Estoy **seguro**/**segura** de que hay una solución. — ich bin sicher

Esto **sí que es** importante.	ist wirklich
no hay que olvidarlo.	darf man nicht

A decir verdad,	no creo que sea tan importante.	offen gesagt
Hablando con franqueza,		offen gesagt

Para solucionar el problema **habría que** investigar más. — müsste man

No **veo**	otra solución		sehe, finde
	otro remedio		eine andere Lösung
	otra **opción**		Wahl
		que **adoptar** **medidas**	Maßnahmen ergreifen
		tomar	[Maßnahmen] ergreifen
		realizar estas ideas	verwirklichen
		lo más pronto posible.	möglichst bald
		cuanto antes.	möglichst bald

Es	**necesario**	encontrar	nuevas ideas.	nötig
	preciso	que encontremos	alternativas.	nötig
	imprescindible		interlocutores competentes.	unbedingt erforderlich, unerlässlich
	indispensable		a los responsables.	unumgänglich
			una **forma de solucionar el problema**.	Lösungsmöglichkeit

Hace falta una mayor diversidad de opiniones. — es ist nötig

Lo mejor	es	hacer más entrevistas.	das Beste
	sería		

De una cosa no cabe duda:		darüber gibt es keinen Zweifel
Lo que pasa	es que	nämlich
La verdad		in Wirklichkeit
Lo cierto		klar [ist, dass]
	el problema **no tiene solución**.	ist unlösbar

Lo que importa	es respetar	la libertad de opinión.	worauf es ankommt
Lo único que importa	en este caso es el respeto de		das Einzige, worauf es ankommt

3. Intercambio de opiniones

Para **justificar tu tesis** has	defendido		um deine These zu begründen	
	aducido	dos **argumentos**.	angeführt; Argumente	

(No) **tienes razón.** du hast Recht

(No) **estoy de acuerdo**	con usted.	ich bin einer Meinung mit
	contigo.	
	con la **autora**.	Autorin

(No) soy **de la misma opinión**	que tú.	derselben Meinung
Pienso de otra manera		ich bin anderer Meinung

Éstas son **las razones por**	**las cuales**	la tesis	die Gründe, weshalb
	las que	me parece (poco) **convincente**.	überzeugend
		(no) **me convence**.	überzeugt mich

(No)	comparto	esta opinión	porque los argumentos (no) son convincentes.	teile
	acepto	sus razones		akzeptiere

No **veo las cosas** como tú porque hay que			ich sehe die Dinge
	mencionar	otro aspecto.	erwähnen
	tener en cuenta		berücksichtigen

4. Pro y contra

Recursos sólo orales

Pro		*Contra*	
Justo.	Genau.	No, **eso no es verdad.**	Das ist nicht wahr.
Exactamente.	Richtig.	No, **eso no es así.**	Das stimmt nicht.
Eso es.	Das stimmt.	**Ni hablar, eso no es así.**	Das stimmt über-
Sí claro.	Ja, natürlich.		haupt nicht.
Por supuesto.	Selbstverständlich.	**Nada de eso.**	Auf keinen Fall.
Bueno, pero…	Ja, aber …	**De ninguna manera.**	Auf gar keinen Fall.

Recursos orales y escritos

Pro			*Contra*		
Tienes razón.		Du hast Recht.	**No tienes razón.**		Du hast Unrecht.
Estoy de acuerdo	contigo.	bin deiner Meinung	**No estoy de acuerdo**	contigo.	bin nicht deiner Meing.
	con ella.	… ihrer [Meinung]		con usted.	…Ihrer [Meinung]
Yo también **pienso así.**		denke genauso	Yo **no pienso así.**		denke nicht so
Yo **opino lo mismo.**		meine das Gleiche	Yo **no opino lo mismo.**		meine dies nicht
Es	**verdad**	que (+ ind.*)	Es ist wahr	**No es**	**verdad**	que (+ subj.*)	es ist nicht wahr
	cierto		sicher		**cierto**		sicher

* Zum Modus bei Verben der Meinungsäußerung, s. Seite 7.

A diferencia de lo que dice el autor, yo pienso que es(t)o …	im Unterschied zu
… | **no viene al caso.**	gehört nicht zur Sache
| **no tiene (nada) que ver con** el tema.	hat (gar) nichts zu tun mit

Este **argumento** no es	Argument
| **convincente.**	überzeugend
| **sólido.**	stichhaltig

Es | **impreciso.**	ungenau
| **inexacto.**	ungenau

La **argumentación**	Argumentation
El argumento | **no acaba de convencerme.**	überzeugt mich nicht ganz

No **comparto** | **del todo** | estas ideas.	ich teile … nicht ganz
| **en absoluto** |	überhaupt nicht

5. Expresar indecisión o indiferencia

No tengo | **ninguna opinión** | sobre este tema.	keine Meinung
| mucho que decir | **al respecto.**	diesbezüglich

No me he **formado todavía una opinión clara.**	keine deutliche Meinung gebildet

(A mí) | me **da** | **igual.**	ist egal
| | **lo mismo.**	egal
| **ni me va, ni me viene.**	ist völlig egal

Es que **no entiendo nada** de ese asunto.	verstehe nichts

6. La conclusión de un debate

Sobre este tema puede haber **distintas opiniones.**	unterschiedliche Meinungen

Me parece que (no) **hemos llegado a un acuerdo.**	haben e. Übereinstimmung erzielt

Con estos argumentos **he llegado** | **al convencimiento** | de que tenéis razón.	bin zu der Überzeugung gelangt
| a la **conclusión** |	Schlussfolgerung

(No) **he cambiado de opinión.**	habe meine Meinung geändert

Sigo | **creyendo** | que estas ideas son absurdas.	meine weiterhin
Sigue | **pensando** |	denkt weiterhin

Vamos a **cambiar de tema.**	das Thema wechseln

Terminemos este debate.	beenden wir

Dejémoslo.	lassen wir es

Capítulo 3: Definiciones

¿Que **significa** *comenzar*?   bedeutet

La palabra *comenzar*	es un **sinónimo** de	*empezar.*	Synonym
	significa lo mismo que		ist gleichbedeutend mit
	tiene **igual significado** que		gleiche Bedeutung
	es un **antónimo** de *terminar.*		Antonym

| La palabra *león* | **denota** el animal. | bezeichnet (im konkreten Sinn) |
| | **connota** valentía. | bezeichnet (im übertragenen Sinn) |

La palabra …	**podría definirse** así:	könnte man definieren
El término …	**se refiere a** …	bezieht sich auf
	tiene	varias **acepciones**.	(Teil-)Bedeutungen
		varios **significados**.	(Teil-)Bedeutungen

El significado de	esta palabra	**depende del contexto**.	hängt vom Kontext ab
	este **término**		Begriff
	este **neologismo**	todavía no está en el diccionario.	Neologismus, neues Wort

Algún es **apócope** de *alguno.*   Kurzform, Apokope

Perrito es un **diminutivo** de *perro.*   Verkleinerungsform

Capítulo 4: Citas

Aquí | pone…	steht
En la línea 12	in Zeile
En la | **última** | línea	letzten
| **penúltima** |	vorletzten
En el | primer | **capítulo**	Kapitel
segundo | **párrafo**	Abschnitt, Absatz
tercer | **verso**	Vers
En la segunda **columna**	Spalte
En las páginas 8–12	auf den Seiten
| el **autor**	Verfasser, Autor
| la **escritora**	Schriftstellerin
habla de	spricht von
se refiere a	bezieht sich auf
menciona	erwähnt
hace mención de	erwähnt
alude a	spielt an auf
aborda el tema de | la situación actual.	schneidet das Thema an
califica la situación actual **de** peligrosa.	bezeichnet als
se pregunta si la situación es peligrosa.	fragt sich, ob

La autora se refiere a este **aspecto**	en las líneas 5–9.	Gesichtspunkt
Hay una **cita** | **reveladora**	en el penúltimo párrafo.	aufschlussreiches Zitat
| **decisiva**		entscheidend, wichtig

Me refiero a las páginas 8–12 | ya citadas.		ich beziehe mich auf
| **mencionadas** | **arriba**.		oben genannt
| **abajo**.		unten

Según | el autor,		zufolge
la autora, | **se trata de** un hecho importante.		handelt es sich um

El **sentido** de los versos 8–12 es: — Sinn

El autor menciona este problema | **al final de** | su artículo.		am Ende
al principio de |		am Anfang

Véanse | las líneas 31 y 32.	siehe
los otros artículos del autor.	

Véase | de las líneas 15 a 20 .	siehe
el último libro del autor.	

Capítulo 5: Hablar sobre procesos y acontecimientos históricos

1. El desarrollo histórico y su duración

Hay que **reconstruir todo el contexto** de	den Gesamtzusammenhang rekonstruieren
una **época**.	Epoche
un **siglo**.	Jahrhundert
la primera **década** del siglo.	Jahrzehnt

La época de la cual estamos hablando **se caracteriza por** tres aspectos. — ist gekennzeichnet durch

En	primer	lugar	erstens
	segundo		zweitens
	tercer		drittens

En esta época	se produjo	un **cambio**.	vollzog sich; Wandel
En este siglo	se efectuó		vollzog sich
	surgió	un **conflicto**.	tauchte auf; Konflikt
	se desarrolló		entwickelte sich

Se trataba de un **desarrollo**	rápido.	Entwicklung
	gradual.	allmählich
	lento.	langsam

La sociedad española **cambiaba**	mucho.	änderte sich
	profundamente.	grundlegend

El país **pasaba por**	una crisis.	durchlief, machte durch
	una época de transición.	Übergangszeit

El proceso de cambio **puede dividirse en** varias		lässt sich einteilen
	etapas.	Etappen
	fases.	Phasen

La Reconquista	duró		dauerte
El Siglo de Oro		desde … hasta …	von … bis …
La Restauración			

Al principio	anfangs
Después	dann, danach
Al final	schließlich, am Ende
De … a …	von … bis …
Poco a poco	allmählich
Durante mucho tiempo	lange Zeit
décadas	jahrzehntelang
siglos	jahrhundertelang
En 1212 esta zona fue el **escenario** de las luchas.	Schauplatz

Se efectuó un **progresivo** acercamiento de Cuba al modelo de la URSS. — fortschreitend

Hace poco tiempo	la esclavitud existía todavía.	vor kurzem
Hasta …		bis

Desde hace … la esclavitud ya no existe.	seit

2. Acontecimientos históricos

En 1492 **tuvo lugar** el descubrimiento de América.	fand statt

La Guerra Civil	**comenzó**	begann
	terminó en …	ging zu Ende

La conquista es un	**hecho**		Tatsache
	acontecimiento		Ereignis
	suceso	**histórico**.	Ereignis; historisch

Hablamos sobre el **histórico** encuentro entre Cortés y Moctezuma.	geschichtlich bedeutsam

1492 fue una **fecha clave** para Castilla.	entscheidendes Datum

Se trata de **un episodio** de la Guerra Civil.	Episode, nebensächliches Ereignis

El rey …	**nació** en …	wurde geboren
	murió	starb

3. Causas y consecuencias de acontecimientos históricos

El cambio	tenía	varias **causas**.	Gründe, Ursachen
	se debía a		ging zurück auf

El régimen sucumbió	**a causa de**	problemas internos.	aufgrund von, wegen
	a consecuencia de		aufgrund von, infolge von
	a raíz de		aufgrund von

El	**motivo**	fue el empobrecimiento de la población.	Anlass, Grund
	resultado		Ergebnis

Este acontecimiento	**provocó**	una crisis.	rief hervor
	causó	la emigración.	verursachte
	dio lugar a		führte zu
	tuvo como consecuencia		hatte zur Folge

El aumento del paro fue una **consecuencia** de la crisis económica.	Folge

El atentado	era el primero de una	**cadena**.	Reihe, Serie
		serie.	Reihe, Serie
	llevó al país a una	**situación límite**.	Grenzsituation

4. El pasado y el presente

| La historia enseña a | **relativizar**. | relativieren |
| | comparar **el presente con el pasado**. | die Gegenwart mit der Vergangenheit |

| Este problema | **tiene su origen en** la colonización. | hat seinen Ursprung in |
| Este conflicto | | |

Las costumbres **fueron transmitidas de generación en generación**. — wurden von Generation zu Generation überliefert

| Aún | hoy quedan | **vestigios** | del pasado. | Spuren |
| Todavía | | **rastros** | | Spuren |

| **Transcurridos** … siglos | los gitanos | | nach Ablauf von |
| | los indios | **siguen siendo** un grupo marginado. | sind weiterhin |

En Colombia **sigue habiendo** violencia. — gibt es weiterhin

Esta situación	(no) ha	**mejorado**.	verbessert
		empeorado.	verschlechtert
	(no) se ha	**deteriorado**.	verschlechtert

| Las relaciones entre estos países **siempre** han sido | buenas. | immer |
| | muy **ambivalentes**. | ambivalent |

En la actualidad,	el país (no) está aislado.	in der jetzigen Zeit
Hoy en día,	el problema	ya no existe.	heutzutage
	el conflicto	**existe** todavía.	besteht, existiert

El **balance** de este proceso		Bilanz
	es **claramente**	eindeutig
	positivo.	positiv
	negativo.	negativ

Capítulo 6: Analizar problemas

1. Aspectos y causas

El problema de muchos países subdesarrollados **consiste en** su dependencia.	besteht in
tiene varias **dimensiones**.	Dimensionen
facetas.	Seiten
se debe a varias causas.	geht auf mehrere Ursachen zurück

Hay varias **razones**		Gründe
	por las que este conflicto ha surgido.	aus denen, weshalb
	por las cuales	aus denen, weshalb

A causa de	la inflación los precios aumentan.	wegen, aufgrund von
Debido a		aufgrund von
Por		wegen

La empresa ha quebrado **más por** negligencia **que por** falta de clientes.	eher wegen/aufgrund von … als wegen/aufgrund von …

El absentismo electoral **surge más del** desencanto por la clase política **que de** la apolitización de la sociedad.	entsteht eher durch … als durch …, geht eher zurück auf … als auf …

Como hay poco trabajo, muchos emigran.	da (*vorangestellte Begründung*)

Muchos emigran **porque** hay poco trabajo.	weil (*nachgestellte Begründung*)

Por eso	muchos han emigrado.	daher, deshalb
Por lo tanto		daher, deshalb

Hay que **tener en cuenta** tres aspectos.	berücksichtigen

Tres **factores**		Faktoren
Dos aspectos	son **decisivos**.	entscheidend
	son **determinantes**.	entscheidend

Entre estos hechos existe una **relación de causalidad**.	ursächlicher Zusammenhang

En	**primer**	**lugar**	el nivel de salarios es muy bajo.	erstens
	segundo		el índice de analfabetismo es alto.	zweitens
	tercer		faltan viviendas.	drittens
Además				außerdem
Aparte de esto,				abgesehen davon
De ahí que el nivel de vida sea bajo.				daraus folgt, dass

En fin,	la situación económica del país es desastrosa.	schließlich
Es decir que		das heißt

En resumidas cuentas,		zusammenfassend gesagt
En suma,		zusammenfassend gesagt
La situación **podría resumirse así:**	el país está en crisis.	man könnte folgendermaßen zusammenfassen

2. Evaluación de aspectos

Por un lado	el turismo es bueno,	einerseits
Por una parte		einerseits
por otro lado	es malo.	andererseits
por otra parte		andererseits

Es cierto que vienen muchos turistas,	zwar …
pero el turismo sólo ha dado empleo a una parte de la población.	aber …

Sin embargo,	pocos critican el gobierno.	trotzdem
No obstante	la mayoría sigue siendo optimista.	trotzdem, dennoch
A pesar de las dificultades,		trotz

Aunque	todo el mundo está descontento, nadie protesta.	obwohl
	sea difícil, hay que solucionar este problema.	selbst wenn
	sea una regla muy antigua, hay que cumplirla.	auch wenn

> Nach *aunque* wird der *subjuntivo* verwendet
> – um zu zeigen, dass es sich um eine Möglichkeit, nicht aber eine feststehende Tatsache handelt.
>   Die deutsche Übersetzung ist in diesem Fall <u>selbst wenn</u>.
> – um auszudrücken, dass es sich um eine nicht ins Gewicht fallende Tatsache handelt.
>   Die deutsche Übersetzung ist dann <u>auch wenn</u>.

3. Consecuencias

Esta situación tiene	tres	**consecuencias.**	Konsequenzen
	varias		mehrere

Ahora **resulta** que	hay un exceso de oferta de hostelera.	stellt sich heraus
En consecuencia	muchos emigran.	folglich
Por consiguiente		folglich
Por eso		darum, deshalb
Como resultado	de la crisis	als Ergebnis, als Folge
Como consecuencia		als Folge, als Ergebnis

Llego a la conclusión de que no hay alternativa.	ich komme zu der Schlussfolgerung, dass

Capítulo 7: Hablar sobre periódicos y revistas

1. La prensa

En España como en otros países existe **prensa**
local.	Presse / lokal
regional.	regional
nacional.	überregional

Se habla de la **prensa**
especializada.	Fachpresse
del corazón.	Regenbogen- [Presse]
sensacionalista.	Sensations- [Presse]

La Agencia EFE es una **agencia de información** española. — Nachrichtenagentur

La prensa es un **medio**
informativo.	Massenmedium
de comunicación de masas.	Massenmedium

Los periódicos
son **fuentes de información**.	Informationsquellen
se imprimen por la noche.	werden gedruckt

Muchos lectores
compran sus **periódicos** en el quiosco.	Zeitungen
se subscriben a un periódico.	abonnieren

Esta revista tiene una **tirada** muy alta. — Auflage

Es
el **editor**	de esta revista.	Verleger
la **editora**		Verlegerin
un **periodista**		Journalist
una **periodista**		Journalistin
un **publicista**		Publizist
una **publicista**		Publizistin
un **redactor**		Redakteur
una **redactora**		Redakteurin
un **reportero**		Reporter
una **reportera**		Reporterin
un **corresponsal**		Korrespondent
una **corresponsal**		Korrespondent

2. Publicaciones periódicas

La última **edición** de *Cambio 16*
está agotada.	Ausgabe / ist vergriffen

En España
se publican varias revistas judías.	erscheinen
aparecen periódicamente	erscheinen regelmäßig

Villa de Madrid es una publicación **quincenal**. — vierzehntägig

Este artículo	**se ha publicado**	en		ist erschienen
	ha aparecido		un **diario**.	Tageszeitung
			un **periódico**.	Zeitung
			un **semanario**.	Wochenzeitung
			un **suplemento**.	Beilage
			una **revista**.	Zeitschrift

3. Leer periódicos

| Se puede | **hojear** el periódico. | | durchblättern |
| | **echar un vistazo a** los titulares. | | überfliegen |

Podemos	**detenernos**	en	un comentario.	uns vertiefen
	profundizar		una noticia.	eindringen
	reflexionar sobre		un artículo.	nachdenken über
	analizar			analysieren

4. Clasificación de textos

Se trata de	una **parte**	de		Teil, Auszug
	un **fragmento**		un **anuncio**.	Auszug, Teil; Anzeige
			un **aviso**.	Anzeige (*Amerikanismus*)
			un **artículo**	sobre Argentina.	Artikel
			un **comentario**		Kommentar
			un **editorial**		Leitartikel
			un **reportaje**		Reportage
			una **reseña** de un libro.	Rezension
			una **carta al director**.	Leserbrief

| Hoy, todos los periódicos traen | esta **noticia**. | Nachricht |
| | **titulares** parecidos. | Schlagzeile |

Ese periodista	tiene una **columna** diaria en el *ABC*.	Kolumne
	escribe **críticas** de películas.	Kritik
	hace una reseña del nuevo libro de este escritor.	rezensiert

5. Analizar un artículo

El titular **capta la atención** del lector. → erregt die Aufmerksamkeit

El autor ha **titulado** el artículo de una manera → betitelt
provocativa. → provokativ
sensacionalista. → sensationslüstern

Dirigiendo la palabra al lector → indem er/sie … richtet
Utilizando el pronombre │ tú │ la autora **trata de** despertar curiosidad. → indem er/sie … verwendet / versucht
│ usted(es), │

El **tema** del artículo es … → Thema

Después de una │ **amplia** → ausführlich
│ **breve** → kurz
│ **introducción,** el autor → Einführung
trata el │ problema de… → behandelt
se ocupa del │ → befasst sich mit

Sólo │ **aborda** │ el tema del desempleo. → schneidet an
│ **bosqueja** │ → skizziert
│ **esboza** │ → skizziert

El autor │ habla │ del **trasfondo histórico** │ del asunto. → historischer Hintergrund
│ de las **raíces históricas** │ del problema. → historische Wurzeln
│ procura **exponer objetivamente** │ la causa │ de esta situación. → objektiv darstellen
│ el **porqué** → Ursache
│ el **origen** → Ursprung
│ los **motivos** del crimen. → Motive, Beweggründe

Se sirve de │ → verwendet
Utiliza │ → verwendet
│ varios **métodos** para │ → Methoden
ilustrar │ la situación. → veranschaulichen
subrayar → unterstreichen
hacernos un relato realista de │ → wirklichkeitsgetreues Bild geben

El periodista │ hace una **descripción detallada** de la situación. → detaillierte Beschreibung
│ menciona todos los │ **detalles.** → Einzelheiten
│ **pormenores.** → Einzelheiten
│ cuenta algo **con todo lujo de detalles.** → lang und breit
│ **cita** a varios especialistas. → zitiert
│ **alega** │ **citas** de varios políticos. → führt Zitate an
│ **aporta** │ → führt an

La autora se refiere a un **caso concreto**.	konkreten Fall
ejemplo.	Beispiel
hace una **enumeración** de casos concretos.	Aufzählung
El artículo **contiene**	enthält
En el artículo hay **citas** de	Zitate
testigos presenciales	Augenzeugen
en estilo directo.	in direkter Rede
El autor se refiere a **varias fuentes**.	unterschiedliche Quellen
cita **documentos**	Dokumente
fehacientes.	glaubwürdig, beweiskräftig
oficiales.	offiziell
ha entrevistado al juez	hat interviewt
competente.	zuständig
El periodista **apoya** su opinión con	stützt, untermauert
presenta	
datos estadísticos.	statistische Daten
estadísticas.	Statistiken
los **resultados**	Ergebnisse
de una **encuesta**.	Umfrage
de un **sondeo**.	Umfrage
Su **argumentación** se basa en tres puntos.	Beweisführung
carece de pruebas.	fehlt es an
El columnista **valora**	schätzt ein
El crítico **describe**	beschreibt
La periodista **explica** **posibles consecuencias** de este desarrollo.	erklärt; mögliche Folgen
La autora no sólo trata la **situación actual**.	aktuelle Situation
critica tajantemente	kritisiert scharf
pronostica que la situación cambiará.	sagt vorher
resume lo que ha dicho.	fasst zusammen
La autora **expone** su opinión sobre el asunto.	legt dar
manifiesta	äußert
En el artículo **se manifiesta** su opinión.	wird deutlich
se revela	zeigt sich, kommt an den Tag

6. Reacciones a un artículo

El artículo **obtuvo**	bekam
El comentario **alcanzó**	fand
El editorial	
gran **resonancia**.	Resonanz
resonancia **internacional**.	international
suscitó interés.	rief hervor, erregte
provocó comentarios.	provozierte
una **oleada de protestas**.	Protestwelle

Capítulo 8: Comentar textos narrativos y obras dramáticas

1. Clasificación

La obra de la cual hablamos es	una **fábula**.	Fabel
	una **leyenda**.	Legende, Sage
	una **novela**.	Roman
	una **novela corta**.	Novelle
	un **cuento**.	Erzählung, Märchen
	un **relato**.	Erzählung
	una **comedia**.	Komödie
	un **drama**.	Drama
	una **obra teatral**.	Theaterstück
	de teatro.	Theater [-Stück]
	una **tragicomedia**.	Tragikomödie

Aquí se trata de	un **pasaje** de un cuento.	Auszug
	un **acto** de un drama.	Akt
	una **escena** de una obra teatral.	Szene
	una tragicomedia.	

La **moraleja** es la enseñanza que contiene una fábula o un cuento.   Moral

2. Espacio y tiempo

El **escenario** de la novela	es la Mancha.	Schauplatz
El **lugar** en que se desarrolla la acción		Ort

La **acción se localiza** en	España.	Handlung spielt
	dos **espacios principales** y …	Hauptschauplätze
	…otros dos (**espacios**) **secundarios**.	Nebenschauplätze

La acción **se desarrolla**		spielt
La novela **transcurre**		spielt
	en el **año** 1950.	Jahr
	en una época **indeterminada**.	unbestimmt

Se trata de la **dramatización de un hecho real**.   Bühnenbearbeitung einer wahren Begebenheit

El autor	**respeta**		beachtet
	no respeta	la **unidad** de lugar.	Einheit des Ortes
		de tiempo.	[Einheit] der Zeit
		de acción.	[Einheit] der Handlung

El **ambiente**		Umfeld
	social	sozial
	político	politisch
	se caracteriza por lo siguiente:	ist gekennzeichnet durch

3. Los personajes

Los	**personajes**	de la novela son:	Personen
	personajes principales		Hauptpersonen
	caracteres		Personen, Figuren

Baltasario es	un **personaje secundario**	de la comedia.	Nebenfigur
	el **personaje central**	de la novela.	zentrale Figur
	el **protagonista**.		Protagonist
	el **héroe**.		Held

Juana es	la **protagonista**.	Protagonistin
	la **heroína**.	Heldin
	el personaje central.	

Juan **ocupa**	una	hat, nimmt ein
	la **posición clave**.	Schlüsselrolle

Juana	**desempeña**		spielt
Juan		un **papel**	Rolle
		decisivo.	entscheidend
		importante.	wichtig

Hay que analizar la **caracterización** de cada uno de los personajes … — Darstellung, Porträt
… **en sus aspectos físico, psicológico y social**. — in körperlicher, psychologischer und sozialer Hinsicht

El **comportamiento** de Pedro	revela sus sentimientos y emociones.	Verhalten
La **actitud** de Pedro ante María	se caracteriza por …	Haltung, Benehmen, Verhalten

Hay una **relación**		Beziehung
	armónica	entre los dos personajes.	harmonisch
	conflictiva		konfliktreich

Pedro y Juan	**se influyen mutuamente**.		beeinflussen sich gegenseitig
	representan	las siguientes actitudes.	verkörpern
		actitudes **mutuamente excluyentes**.	einander ausschließend
		contrarias.	gegensätzlich

Felipe y Manolito tienen opiniones acerca del futuro que se excluyen mutuamente.

El lector	**conjetura**		errät, vermutet
La lectora	**adivina**		errät, vermutet
	acierta		errät, vermutet
		la **intención**	de los personajes.	Absicht
		los **motivos**		Motive, Gründe

4. Caracteres

Augusto Pérez es un hombre joven	**austero**.	ernst, nachdenklich
	introvertido.	introvertiert
	pensativo.	nachdenklich
	discreto.	diskret, zurückhaltend
	sin **ambición**.	Ehrgeiz
	perezoso.	träge
	algo **vago**.	etwas faul

Actúa siempre con	**calma**.	handelt; Ruhe
	prudencia.	Klugheit, Vorsicht

Trata a los demás con	**cortesía**,		Höflichkeit
	amabilidad,		Liebenswürdigkeit, Freundlichkeit
	sinceridad,	pero sin dar **muestras**	Ehrlichkeit; Zeichen, Beweise
		de **cordialidad**.	Herzlichkeit
		de **afecto**.	Herzlichkeit, Zärtlichkeit

Por eso no logra **hacer** muchas **amistades**.   Freundschaft schließen

Se siente	**afligido**	bekümmert, bedrückt
	infeliz	unglücklich
	y **tiene compasión** sólo de sí mismo.	Mitleid haben

Un día conoce a Eugenia, una chica	**dulce**.	sanft
	agradable.	nett, angenehm
	honrada.	anständig, aufrichtig
	trabajadora.	fleißig
	que trabaja con **celo**.	Eifer, Sorgfalt
	humilde.	bescheiden
	vivaracha.	lebhaft, lebenslustig
	impulsiva.	impulsiv, lebhaft

Eugenia	**goza de**	freut sich an, genießt
	está satisfecha con	las cosas **sencillas**.	ist zufrieden/froh; einfach

Se alegra de	que a todos les vaya bien.	freut sich über
Le gusta		es gefällt ihr
Le encanta		sie freut sich sehr

Sus amigos	**confían en**	**ella**.	vertrauen ihr
	tienen confianza en		haben Vertrauen in sie
	se fían de		vertrauen ihr

Entonces, Augusto quiere	**cambiar de vida**.		sein Leben (ver)ändern
	abandonar su vida	**razonable**.	vernünftig
		sensata.	vernünftig
	convertirse en un ser	**enérgico**.	werden zu; tatkräftig
		valiente.	mutig
		atrevido.	kühn, wagemutig

Sueña con	**arriesgar** su vida por Eugenia.		riskieren, aufs Spiel setzen
	impresionarla con sus	regalos **generosos**.	großzügig
		actos **heroicos**.	heldenhaft

Este cambio	**sorprende**	a sus amigos.	überrascht
	asusta un poco		erschreckt
	deja a sus amigos	**sorprendidos**.	überrascht
		asombrados.	erstaunt
		confusos.	verwirrt
		desconcertados.	verblüfft
		boquiabiertos.	sprachlos

Augusto quiere ganar a Eugenia con una estrategia **astuta**.　　listig, einfallsreich

No **vacila en**			zögert
	sacar provecho de		ausnutzen
	aprovecharse de	su **fiel** amigo Víctor	ausnutzen; treu
		sin	**agradecérselo**. sich bei ihm zu bedanken
			mostrarle **gratitud**. Dankbarkeit

Pero en vez de	**portarse bien**		sich gut benehmen
	llevarse bien		gut auskommen
	ser cortés	con ella,	höflich sein
		comete errores.	begeht Fehler
		hace **tonterías**.	Dummheiten

La **molesta** tanto con sus actos	**torpes**		belästigt; ungeschickt
	inocentes		unschuldig, naiv
	ingenuos		kindisch, einfältig
		que **acaba cayéndole mal**.	schließlich unsympathisch wird
		que se vuelve **pesado**.	lästig

El rechazo de Eugenia le	**pone triste**	a Augusto.	bereitet Kummer, macht traurig
	apena		schmerzen, Kummer bereiten

Él la	trata de persona	**cruel**.	grausam
	acusa de	ser	**ingrata**. undankbar
		egoísta.	egoistisch, selbstsüchtig
		traidora.	treulos, verräterisch
		rencorosa.	nachtragend
	traicionar su	**amistad**.	verraten; Freundschaft
		lealtad.	Treue

Cuando Eugenia lo rechaza, va a ver al	**sabio**	filósofo Miguel de Unamuno. weise
	estimado	geschätzt

En la discusión con él, Augusto	se pone	**nervioso**.	nervös
		impaciente.	ungeduldig
	se impacienta.		wird ungeduldig
	se excita.		regt sich auf

Vuelve a casa en un estado **apático** y muere de muerte **misteriosa**.　　teilnahmslos; geheimnisvoll

5. Perspectiva y técnica de la narración

El texto está escrito	desde	la **perspectiva**	de un personaje secundario.	(Erzähl-)Perspektive
		el **punto de vista**		(Erzähl-)Perspektive
	en forma de **retrospectiva**.			Rückblick

Narra			erzählt
Cuenta			erzählt
Relata			erzählt
	los acontecimientos	**cronológicamente**.	chronologisch
		en orden cronológico.	in zeitlicher Reihenfolge

El **narrador**	habla en la primera persona del singular.	Erzähler
La **narradora**		Erzählerin

El autor **utiliza** este punto de vista		wendet an, benutzt
	para **despertar la curiosidad** del lector.	die Neugier wecken
	para que el lector **se identifique** con el narrador.	sich identifiziert

En … hay un narrador **omnisciente**.	allwissend

El	**Yo narrador**	habla de sus experiencias.	Ich-Erzähler
	Yo narrativo		Ich-Erzähler

Hay un **cambio de perspectiva** en el segundo capítulo.	Perspektivenwechsel

El narrador	**resume** los acontecimientos.	fasst zusammen
	se muestra **(im)parcial**.	(un)parteiisch
	(no) **interviene** directamente.	greift ein

Presenta las palabras de un personaje en			stellt dar
	estilo	**directo**.	direkte Rede
		indirecto.	indirekte [Rede]
	forma de un **monólogo interior**.		innerer Monolog

6. El argumento

El **argumento** podría resumirse así:	Handlungsverlauf

La acción se desarrolla en tres	**etapas**.	Etappen
	fases.	Phasen
	partes.	Teile

La novela	**se compone de**	doce capítulos.	besteht aus
	está dividida en	dos partes.	ist unterteilt in

Una **acción principal** y varias **acciones secundarias**…	Haupthandlung; Nebenhandlung
…**constituyen la trama** de esta comedia.	bilden den Gesamtzusammenhang der Handlung
No hay que **perder el hilo** del argumento.	den roten Faden verlieren

Al principio	am Anfang
Al inicio	am Anfang
el comportamiento de … **oscila** entre el cinismo y la desesperación.	schwankt
varía	verändert sich
según su interlocutor.	je nach
de acuerdo con la situación.	je nach
A lo largo de la tragedia	hindurch, im Verlauf
En el curso de la novela	im Verlauf, hindurch
se desarrolla un conflicto entre los personajes.	entwickelt sich
Juan **se convierte en** un héroe.	wird zu
se transforma en	wird zu
El novelista **intercala un episodio**	schiebt e. Episode/Nebenhandlg. ein
burlesco.	burlesk, spaßhaft
humorístico.	humorvoll, komisch
mezcla lo trágico con lo cómico.	mischt das Tragische mit dem Komischen
Se producen	treten ein
Se han efectuado cambios	haben sich vollzogen
inesperados en la relación entre … y … .	unerwartet
profundos	tiefgreifend
La acción **alcanza un**	erreicht
momento culminante en el segundo capítulo.	Höhepunkt
punto crítico en el último acto.	Höhepunkt
adopta un **giro** inesperado en la última escena.	Wende
Al final	am Ende
En la última escena **la tensión**	Spannung
aumenta.	wächst, nimmt zu
disminuye.	lässt nach, nimmt ab
se resuelve la trama.	der Knoten löst sich
se solucionan	lösen sich
los **enigmas.**	Rätsel
los asuntos que **afectan** al protagonista.	betreffen
El momento culminante **se produce con** el suicidio del protagonista.	deckt sich mit, fällt zusammen mit
La **peripecia**	Peripetie, Wendepunkt im Drama
Varios conflictos **quedan pendientes.**	bleiben ungelöst
sin resolver.	ungelöst
La acción **termina** con un desastre.	endet
finaliza trágicamente.	geht aus
tiene un **final**	Ausgang
desenlace	Lösung, Ausgang
abierto.	offen
feliz.	glücklich
fatal.	verhängnisvoll
sorprendente.	überraschend

7. Descripciones

El autor hace una **descripción**

		Beschreibung
detallada	del protagonista.	ausführlich
general	de la situación.	allgemein
emotiva	de la época.	bewegend
realista	del contexto cultural.	realistisch
satírica		satirisch
caricaturesca		karikierend

En las **acotaciones** describe el escenario | muy detalladamente. — Bühnenanweisungen
| **a grandes rasgos.** — in groben Zügen

Su descripción **crea un ambiente** — schafft eine Atmosphäre
| de **suspense.** — Spannung
| **misterioso.** — geheimnisvoll

La **atmósfera** — Atmosphäre
| está | **cargada** | de | — ist voll von, ist geladen mit
| | llena | | **pasión.** — Leidenschaft
| | | | **violencia.** — Gewalt

8. La representación de una obra teatral

El **director pone en escena** una obra teatral. — Regisseur inszeniert

El **actor** — Schauspieler
La **actriz** — Schauspielerin
| **ensaya** — probt
| **representa** | **el papel** de Bernarda Alba. — spielt die Rolle

El **telón** | **sube.** — der Vorhang hebt sich
| **baja.** — fällt

La primera actriz | **da vida al** personaje de | Yerma. — füllt … mit Leben
| **encarna** a | — verkörpert

Los **espectadores** están — Zuschauer
El público está | de pie durante la | **función.** — Vorstellung
| **representación.** — Aufführung

En el segundo acto | **sale a escena la comparsa.** — tritt auf; die Statisten
| hay un **aparte.** — zur Seite Gesprochenes
| cambia el **decorado.** — Bühnenbild
| la sala se convierte en **escenario.** — Bühne(nraum)

La **puesta en escena** | ha sido | excelente. — Inszenierung
La representación | | un gran **éxito** para | el **cuadro de actores.** — Erfolg; Schauspieltruppe
| | | el **dramaturgo.** — Dramatiker, Bühnendichter
| | | la **dramaturga.** — Dramatikerin, Bühnendichterin

Capítulo 9: Comentar poesía y canciones

1. Clasificación

Comentamos	un **verso**	de		Vers
	una **estrofa**			Strophe
			un **poema**.	Gedicht
			una **poesía**.	Gedicht
			una **balada**.	Ballade
			un **romance**.	Romanze (*erzählendes volks-tümliches Gedicht*)
			un **soneto**.	Sonett
			una **canción folclórica**.	Volkslied
			una **canción popular**.	Schlager
			un **villancico**.	Weihnachtslied

2. El poeta y el Yo lírico

El **poeta**			Dichter
La **poetisa**			Dichterin
	ha compuesto un poema **dedicado a** …		gewidmet
El **Yo lírico**	se dirige a una dama.		das lyrische Ich
	habla **consigo mismo**.		mit sich selbst
	expresa	sus sentimientos.	drückt seine Gefühle aus
		su estado anímico.	seelische Verfassung
	habla **de una manera muy individual**.		auf sehr individuelle Art

En este poema	**se manifiestan** las ideas de este siglo.	werden deutlich
	el autor juega con **niveles de realidad**.	Wirklichkeitsebenen

La canción	**refleja**	los sentimientos del pueblo.	spiegelt wider
El poema	**es un reflejo de**	la situación social de la época.	ist ein Spiegelbild von

3. Estructura

El poema	**consta de**	… versos	besteht aus
	se compone de	… estrofas	besteht aus
	se puede dividir en	… partes.	kann unterteilt werden in
		un **estribillo** y … estrofas.	Refrain

Los dos primeros versos **disuenan del** resto de la composición. klingen anders als

Un soneto se compone de	dos **cuartetos** y dos **tercetos**	Quartette; Terzette
	catorce **versos endecasílabos**.	Elfsilber

En el poema hablan dos **voces**: el Yo lírico y su amante. Stimmen

La **estructura** del poema es		Struktur
	antitética.	antithetisch (*aus Gegensätzen bestehend*)
	cíclica.	zyklisch (*zum Ausgangspunkt zurückkehrend*)
	compleja.	komplex (*aus zahlreichen Einzelelementen bestehend*)
	dialógica.	dialogisch
	sencilla.	schlicht
	simple.	einfach

El poema contiene elementos **narrativos**.   erzählerisch

El poeta pasa **de lo general a lo particular**.   vom Allgemeinen zum Besonderen

El segundo terceto del soneto contiene una **síntesis**.   Synthese (*Ergebnis, Zusammenfassung*)

En los dos últimos versos el poeta	**resume** todo el poema.	fasst zusammen
	sintetiza	fasst zusammen

4. El lenguaje

El poeta	**varía** el ritmo.	variiert, verändert
La poetisa	utiliza un **lenguaje**	Sprache
	melódico.	melodisch
	monótono.	monoton
	rítmico.	rhythmisch
	variado.	abwechslungsreich

El **metro**		Versmaß
El **ritmo**		Rhythmus
El **uso** de vocales		Gebrauch
	oscila según cambia el contenido.	schwankt

El ritmo	está lleno de **variaciones**.	Variationen, Veränderungen
es	muy **regular**.	regelmäßig
	irregular.	unregelmäßig

Las palabras **riman**.   reimen sich

La composición lírica tiene rima	**alterna**.	Wechselreim
	cruzada.	Kreuzreim
	pareada.	Paarreim

El poeta	se sirve de palabras	**agudas**.	endbetont
La poetisa	utiliza	**llanas**.	auf der vorletzten Silbe betont
		esdrújulas.	auf der drittletzten Silbe betont
		sobresdrújulas.	auf der viertletzten Silbe betont

Se trata de versos	de arte mayor.	mehr als 10 Silben (besonders 12)
	de arte menor.	weniger als 8 Silben
	quebrados.	weniger als 5 Silben
	blancos.	ungereimt
	sueltos.	ungereimt
	libres.	frei

5. La sonoridad

En este verso **predominan**		herrschen vor
	vocales	Vokale
	claras.	hell
	oscuras.	dunkel
	consonantes	Konsonanten
	sonoras.	stimmhaft
	sordas.	stimmlos

El verso **impresiona** al lector por su		beeindruckt
	musicalidad.	Musikalität
	suavidad.	Sanftheit
	sonoridad.	Klangfülle

El verso se caracteriza por	la **asonancia**.	Assonanz (*Vokalreim*)
	aliteraciones.	Alliterationen (*Wiederholungen des Anfangskonsonanten*)

Estos versos	tienen rima **asonante**.	assonierend
	asuenan.	assonieren

La poetisa repite esta consonante para **imprimir fuerza** a su verso. — Kraft verleihen

El uso de la	**repetición**	Wiederholung
	variación	Abwechslung
	de **sonidos** es la base del lenguaje poético.	Laute

Para disfrutar de la **belleza** de estos versos hay que	recitarlos.	Schönheit
	leerlos **en voz alta**.	laut lesen

El poeta **recitó** sus propias composiciones. — rezitieren

La **recitación** fue	de gran belleza lírica.	Rezitation, mündlicher Vortrag
	impresionante.	eindrucksvoll

Capítulo 10: Analizar el lenguaje de un texto

1. Maneras de escribir

En esta obra, el autor utiliza un registro	**culto**.	gehoben, gebildet
	literario.	literarisch
	familiar.	familiär, umgangssprachlich
	popular.	umgangssprachlich
	coloquial.	umgangssprachlich

El estilo de textos literarios puede ser	**vivo**.	lebendig
	sugerente.	eindrucksvoll
	poético.	poetisch, dichterisch
	simbólico.	symbolisch

El lenguaje	**emotivo**	de las novelas rosas no les gusta a todos los lectores.	gefühlsbetont
	apasionado		leidenschaftlich
	afectado		gekünstelt

El lenguaje de los políticos es muchas veces	**apelativo**.	auffordernd
	vago.	ungenau
	impreciso.	ungenau
	retórico.	rhetorisch
	declamatorio.	gestelzt

En los textos científicos se usa con frecuencia un lenguaje	**sencillo**.	schlicht
	complicado.	kompliziert
	exacto.	genau
	preciso.	genau

El autor	**emplea**	frases	cortas.	verwendet, benutzt
El político	utiliza	**expresiones**	largas.	Ausdrücke
El comentarista	usa		**inacabadas**.	unvollständig, unvollendet
	escoge			wählt

El columnista	**hace uso de**	expresiones	largas.	macht Gebrauch von
El autor	**se vale de**	frases	**ordinarias**.	benutzt; ordinär, vulgär
La escritora	**se sirve de**		poéticas.	verwendet, benutzt
			abundantes en adjetivos.	mit zahlreichen
			con numerosos **recursos estilísticos**.	Stilmittel

2. Recursos estilísticos

El poeta se sirve de recursos estilísticos como **una comparación.**	Vergleich
un eufemismo.	Euphemismus (*beschönigende Formulierung*)
una hipérbole.	Hyperbel (*Übertreibung*)
una imagen.	Bild
una metáfora.	Metapher (*Gebrauch e. Begriffs aus e. anderen Vorstellgs.-bereich*)
una metonimia.	Metonymie (*Gebrauch eines Begriffs für einen verwandten*)
una perífrasis.	Periphrase (*Umschreibung*)
una tautología.	Tautologie (*Wiedergabe eines Begriffs durch mehrere Wörter der gleichen Wortart*)

El escritor	utiliza	**una antítesis.**
	formula	**una enumeración.**
		una pregunta retórica.
		símbolos.
		pleonasmos.

Antithese
Aufzählung
rhetorische Frage
Symbole
Pleonasmen (*überflüssiger Zusatz zu einem Wort*)

Las imágenes son	**extraordinarias.**
	inusitadas.
	sorprendentes.

außergewöhnlich
ungewöhnlich
überraschend

Se sirve de varios recursos estilísticos para	**acentuar**	sus ideas.
	hacer hincapié en	su tesis.
	poner énfasis en	la situación.
	recalcar	
	subrayar	
	ilustrar	

betonen
Nachdruck legen auf
Nachdruck legen auf
betonen
unterstreichen
veranschaulichen

El escritor	**alude al** pasado.
	compara el presente y el futuro.

spielt auf … an
vergleicht

Las **exclamaciones**	
Las **interrupciones**	
	hacen pensar en fuertes emociones.
	evocan
	reflejan su estado anímico.

Ausrufe
Unterbrechungen
lassen denken an
rufen wach, beschwören herauf
spiegeln wider

El dramaturgo		
	utiliza	**repetidamente** nexos.
		constantemente conjunciones.
		un lenguaje **lleno de tópicos.**
		varias expresiones **enfáticas.**

Autor eines Theaterstücks
wiederholt ständig
ständig, immer wieder
voll von Klischees
emphatisch (*betonend*)

Se trata de un	**refrán**	español.
	proverbio	

Sprichwort
Sprichwort

33

Capítulo 11: Determinar la intención del autor

El autor utiliza varios métodos para	**interesar** al **suscitar** **el interés** del **despertar**	lector **por** su obra.	Interesse wecken für Interesse wecken für wecken

El autor	**describe** **explica** **ilustra** **expone** su opinión sobre **llama la atención** del lector sobre	la situación económica. la política actual. las causas de la injusticia.	beschreibt erklärt veranschaulicht legt dar macht aufmerksam

Es evidente Está claro	que			es ist offensichtlich
		aboga por **es partidario de** **defiende** **justifica**	una discusión libre de todo prejuicio. una postura moderada. la idea | de la libertad de opinión. la tesis	tritt ein für, plädiert für ist für verteidigt rechtfertigt

En su libro	trata de **intenta** (no) **logra** (no) **consigue**	**convencer** al lector	de sus ideas. de que sus ideas son de centro. con sus argumentos.	überzeugen versucht gelingt es ihm schafft es

En su artículo	**hace un llamamiento** al lector para que luche contra la injusticia. **exhorta** a reaccionar.	appelliert fordert auf, (er)mahnt

En toda su obra	**se solidariza** con **hace de portavoz** de	los marginados. los niños.	solidarisiert sich macht er sich zum (Für)Sprecher

Ataca **Condena** **Critica** **Rechaza**	el terrorismo. la idea de que se impongan opiniones políticas con la violencia. el artículo 5° de la ley.	greift an verurteilt kritisiert lehnt ab

La única intención del autor es	**divertir** **entretener** **informar**	al público.	unterhalten, zerstreuen unterhalten, zerstreuen informieren

Capítulo 12: Resumir algo

1. Resumir una discusión en clase

Ayer **hablamos**	**sobre**			sprachen wir über
Discutimos	**acerca de**	la relación entre Malinche y Cortés.		diskutierten wir über

En cuanto a
Con respecto a
    las **fuentes**, se puede decir **lo siguiente**:

was … angeht
bezüglich
Quellen; Folgendes

En	**primer**	**lugar**	**reflejan** sobre todo la opinión del autor.	erstens; spiegeln wider
	segundo		dan descripciones **contradictorias** del asunto.	zweitens; widersprüchlich
	tercer		**embellecen** los hechos con detalles	drittens; schmücken aus
			inventados.	erfunden

En pocas palabras:	los textos históricos son relativos.	kurz/zusammenfassend gesagt
En resumen:	es difícil encontrar la verdad histórica.	zusammenfassend gesagt
En suma:	la leyenda es parte de la historia.	zusammenfassend gesagt

2. Escribir el resumen de un texto

El texto	**extraído de** un periódico	trata de …	entnommen, aus
	titulado « … »		mit dem Titel, betitelt
	que **lleva el título**		den Titel trägt
	escrito en … por …		

En este texto, el autor	**aborda** el tema de …	schneidet an
	defiende la tesis según la cual…	verteidigt die These
	expone	legt dar

Comienza analizando	la situación.	beginnt damit zu analysieren
Primero analiza		zuerst
En primer lugar aclara		erläutern, klären
Al principio		zu Beginn, zu Anfang

Continúa dando				er fährt fort, indem er gibt
Entonces da	ejemplos que	**confirman**	su análisis.	dann; bekräftigen
Luego		**corroboran**		danach; stützen, untermauern

Termina explicando	las consecuencias.	zuletzt erklärt er; er endet damit…
Al final explica		am Ende
Por último		zuletzt
modifica	la tesis expuesta en su artículo anterior.	(ab-, ver)ändert
rectifica	lugares comunes sobre el tema.	berichtigen, richtigstellen

El texto **termina con** una anécdota que muestra lo complicada que es la situación. endet mit

Siehe auch: Analizar un artículo, S. 19–21 und Determinar la intención del autor, S. 34.

Capítulo 13: Describir imágenes

1. Clasificación

Se trata de	un **cuadro** de Picasso.	Gemälde
Es	un **dibujo** de Quino.	Zeichnung
Estamos viendo	una **ilustración**.	Illustration
Aquí aparece	una **imagen** de un santo.	Bild
	una **portada** de un periódico.	Titel-, Umschlagbild
	una **foto(grafía)** de la reina.	Foto
	un **cartel** de un grupo de rock.	Plakat
	una **caricatura** de Felipe Gonzalez.	Karikatur
	una tira de un **cómic** de Mariscal.	Comic
	un **tebeo** de Ibañez.	Comic
	un **plano** (del metro) de Madrid.	(Stadt-, U-Bahn-) Plan
	un **mapa** de la región de Cáceres.	Karte
	un **grabado** de Goya.	Stich, Radierung
	un **tapiz**	Wandteppich
	de **gran tamaño**.	großformatig

2. Localización

En primer plano	hay	varias personas.	im Vordergrund
En segundo plano	se encuentran	edificios enormes.	im Hintergrund
Al fondo	aparecen		im Hintergrund
En el centro	apreciamos		in der Mitte
En medio			in der Mitte
Completamente a la izquierda			ganz links, links außen

Junto a	las personas	hay	varios animales.	neben
Al lado de		se pueden distinguir		neben
Delante de		vemos		vor
Enfrente de		se pueden ver		gegenüber von
Detrás de				hinter
A la derecha de				rechts von

Sobre ellos el cielo está cargado de nubes.   über

Debajo del balcón hay una terraza con bebidas **encima de** la mesa.   unter; auf

3. Personas y objetos

En la foto hay	dos **grupos de personas**.	Personengruppen
	varias **siluetas** humanas.	Silhouetten
	objetos	Gegenstände
	de	**tamaños** diversos.	Größe, Format
		grandes **dimensiones**.	Größe

Aparecen	dos hombres.	erscheinen, sind zu sehen
Entre las personas **destacan**		heben sich ab

El hombre del centro **está rodeado de** un grupo de mujeres. — ist umgeben von

Las personas	**en el sentido de**	**las agujas del reloj** son:	im Uhrzeigersinn
	en sentido opuesto a		gegen [den Uhrzeigersinn]

Su **aspecto (físico)**	es agradable.	Aussehen
Su **fisonomía**		Aussehen
Su **apariencia**		Aussehen, Erscheinung(sbild)

La **expresión de su**	**cara**	es	desesperada.	Gesichtsausdruck
	rostro		angustiosa.	Gesicht

Su **gesto** es alegre. — Gesichtsausdruck

La **postura** es		(Körper)Haltung
	desgarbada.	lässig, schlacksig

Los **gestos** indican enfado. — Gesten, Gestik
Su nerviosismo **salta a la vista**. — springt ins Auge

4. Lugares

La foto **muestra**			zeigt
En la foto	se puede ver	la **catedral** de	Burgos.	Kathedrale
	aparece	un **edificio** en		Gebäude
		el **palacio** del rey.	Palast
		una **escena** de una película.	Szene
		un **paisaje** de España.	Landschaft
		un **pueblo** español.	Dorf
		un **detalle** de un monumento.	Detail

5. Hablar de imágenes

La escena **es**	**característica**	**de** este pintor.	ist charakteristisch für
	típica		typisch

Este cuadro	**expresa**	**cómo** el pintor ve la realidad.	drückt aus, wie
	muestra	**que** existe una relación entre el pintor y Picasso.	zeigt, dass

Esta fotografía	es una **expresión viva** de	la vida en un pueblo.	lebendiger Ausdruck
	representa		stellt dar
	simboliza el dolor del pueblo mexicano.	symbolisiert

6. Analizar cómics

La	**sucesión**	**de viñetas**	Bilderfolge
	serie		Folge, Serie
		forma una historia.	bildet

Sin leer		ohne zu lesen
	los **bocadillos**	Sprechblasen
	los **globos**	Sprechblasen
Sólo mirando los dibujos		schon beim Anschauen
	ya se entiende la **historieta**.	Comicgeschichte

En la	**primera**	**viñeta**	hay tres personas.	(Einzel)Bild
	segunda		**se puede ver** que llueve.	kann man sehen
	tercera		**vemos cómo** las personas actúan.	sehen wir wie

7. Describir planos y mapas

El pueblo	**se encuentra**		befindet sich
	está		ist
	está situado		liegt; im Norden
		en el norte	del continente.	liegt; im Norden
		en el sur	del país.	im Süden
		en el este	de la región.	im Osten
		en el oeste	de la provincia.	im Westen
		en el centro		im Zentrum, in der Mitte
		en el interior del país.	im Landesinneren
		al norte	de esta ciudad.	nördlich
		al sur	del río.	südlich
		al este	de la costa.	östlich
		al oeste	de las montañas.	westlich
		cerca	de la frontera.	in der Nähe
		lejos		fern
		en las afueras de la ciudad.	am Stadtrand, in d. Außenbezirken
		entre Barcelona y Madrid.	zwischen
		en la costa.	an der Küste

Entre Figueras y Gerona **hay** 35 km **de distancia**.   sind … voneinander entfernt

Figueras **está** a 35 km **de (distancia de)** Gerona.   ist … km von … entfernt

Capítulo 14: Trabajar con medios audiovisuales

1. Clasificación

Se trata de	una **grabación** de una canción.	Tonaufnahme
	un **ejercicio de comprensión auditiva**.	Hörverstehensübung

Es una escena de	un **anuncio**.		Werbespot
Vamos a ver	un **documental**	sobre la vida de jóvenes.	Dokumentarfilm
	una **película**		Film
	una **serie**.		Fernsehserie
	un **cortometraje**.		Kurzfilm
	las **noticias** del 18 de junio.		Nachrichten
	una **entrevista** a un jugador de fútbol.		Interview
	un **vídeo** de Gloria Estefan.		Video(clip)

Se trata de una película	**subtitulada**.	mit Untertiteln versehen
	con **subtítulos**.	Untertitel
	doblada.	synchronisiert

Muchas películas pierden con el **doblaje**.   Synchronisation

2. Instrucciones

Vamos a escuchar	la **cinta**.	Kassette
	el **disco**.	Schallplatte
	el **CD (disco compacto)**.	CD

Tomen apuntes.   machen Sie Notizen

Fíjense en		achten/konzentrieren Sie sich auf
	el **acento** de esta persona.	Akzent
	la **pronunciación**	Aussprache
	los **gestos**	Gesten
	la **mímica**	Mimik
	los **puntos clave**.	entscheidende Punkte

3. Analizar los diálogos

Tres personas	**participan**	nehmen teil
	toman parte	nehmen teil
	en la **conversación**.	Unterhaltung, Gespräch

La película es exclusivamente un **diálogo** entre dos mujeres.   Dialog, Zwiegespräch

El reportero **entrevista** a un alcalde.   interviewt
El alcalde **concede una entrevista** al periodista.   gibt ein Interview

| Se entiende | bien | al **locutor**. | Sprecher |
| | mal | a la **locutora**. | Sprecherin |

El **interlocutor**	habla	con decisión.	Gesprächsteilnehmer
La **interlocutora**		rápidamente.	Gesprächsteilnehmerin
El **actor**		deprisa.	Schauspieler
La **actriz**		despacio.	Schauspielerin
		claramente.	deutlich
	tiene un **marcado acento** andaluz.		ausgeprägten Akzent

El locutor **se dirige directamente a**		richtet sich unmittelbar an
	los **radioyentes**.	Radiohörer,-innen
	la **audiencia**.	Zuhörerschaft, Fernsehpublikum
	los **telespectadores**.	Fernsehzuschauer, -innen

4. El aspecto físico, la mímica y los gestos de una persona

| La chica | **es** una persona **de aspecto simpático**. | wirkt symphatisch |
| El chico | **tiene mal aspecto**. | sieht schlecht aus |

Muchos sólo se fijan en el **aspecto físico** de una actriz.　　Aussehen

El actor	**frunce el ceño**.	runzelt die Stirn
	tiene un **gesto** muy	Gesichtsausdruck
	amable.	liebenswürdig
	severo.	streng

| Sus sentimientos **se reflejan** en su | **cara**. | spiegeln sich wider; Gesicht |
| | **rostro**. | Gesicht |

A través de su mímica comprendemos sus emociones.　　durch, aus

El actor	**dice sí**	**con la cabeza**.	nickt
La actriz	**dice no**		schüttelt den Kopf
	afirma		nickt
	niega		schüttelt den Kopf
	sonríe.		lächelt
	sonríe irónicamente.		grinst

| Sus | **ademanes** | | Gestik, Gebärden |
| | gestos | son muy **expresivos**. | ausdrucksvoll |

| Acentúa lo que quiere expresar | **hablando con las manos**. | indem er mit d. Händen spricht |
| | **gesticulando** mucho. | indem er gestikuliert |

Su	**postura**	revela sus emociones.	Körperhaltung
	actitud		Haltung
	modo de andar	es curioso.	Gang
	porte		Auftreten
	comportamiento		Verhalten

Capítulo 15: Escribir cartas

1. Cartas privadas

Mexico D.F. , 6 de agosto de 1996	**fecha** Datum
	saludo Anrede
Querido Carlos:	lieber
Querida María:	liebe
Ya veis que aunque no os haya escrito me sigo acordando de vosotros.	**cuerpo** Briefinhalt
	de carta
	despedida Grußformel
Saludos,	viele Grüße
Abrazos,	liebe Grüße
Ana	

2. Cartas a periódicos

Revista Bravo	
Roselló, 43	**dirección** del Adresse
E-08029 Barcelona	**destinatario** Empfänger
Dortmund, 18 de julio de 1996	
Estimados Sras. y Sres.:	sehr geehrte Damen und Herren
Soy una chica alemana de 17 años que estudia español en el colegio. Para **mejorar** mis conocimientos del **idioma** español, querría entrar en contacto con chicos o chicas españoles de mi edad.	verbessern Sprache
Mis **aficiones** son el baile, la natación y tocar la guitarra.	Hobbies
Les rogaría publicaran este anuncio en la sección de anuncios de su periódico.	
Muy atentamente,	mit freundlichen Grüßen
Susanne Schmidt	

3. Reservas

Urbanización Las Flores
Apto. 1854
E–35000 Las Palmas

Düsseldorf, 8 de marzo de 1996

Estimado señor Mendoza:
Estimada señora Cremades:

Desearíamos reservar un apartamento en su urbanización para cuatro personas del 1 y al 21 del próximo mes de agosto. Queremos un apartamento que dé a la playa. Como iremos con dos niños pequeños, es mejor que sea planta baja.

En espera de sus noticias, les saluda cordialmente,

Matthias Fischer

apartado de correos	Postfach
	sehr geehrter Herr…
	sehr geehrte Frau…
	in Erwartung Ihres Antwortschreibens; mit freundlichen Grüßen

4. Pedidos

Carla Meier
Augustenstr. 24
70178 Stuttgart

Librería Cervantes
Calle de Serrano, 9
E–28002 Madrid

Stuttgart, 15 de julio de 1996

Estimados señores:

Les ruego me envíen **contra reembolso** el siguiente libro:
Ernesto Belenguer Cebría, *Felipe II*, Ediciones Anaya, 1988.

Agradeciéndoselo por anticipado, les saluda atentamente,

Carla Meier

remitente	Absender,-in
	Buchhandlung
	sehr geehrte Damen und Herren
	per Nachnahme
	im Voraus herzlichen Dank

Alphabetisches Verzeichnis der deutschen Stichwörter

Film 39
finden 8, 21
fleißig 24
Folge 14, 17, 21, 38
folgendermaßen 17
Folgendes 35
folglich 17
Format 36
fortfahren 35
fortschreitend 13
Foto 36
rhetorische Frage 33
sich fragen ob 12
frei 31
Freundlichkeit 24
sich freuen 24
mit freundlichen Grüßen 41, 42
Freundschaft 24, 25
froh 24
führen zu 14
mit Leben füllen 28
für etw. sein 34
für mich 8
Fürsprecher 34
Gang 40
ganz links 36
Gebärden 40
Gebäude 37
gebildet 32
geboren werden 14
Gebrauch 30
Gebrauch machen von 32
Gedicht 29
sehr geehrte/r… 41, 42
gefallen 24
Gefühl 29
gefühlsbetont 32
gegensätzlich 23
Gegenstand 36
gegenüber von 36
Gegenwart 15
geheimnisvoll 25, 28
gehoben 32
nicht zur Sache gehören 10
gekennzeichnet sein durch 13, 22
gekünstelt 32
geladen sein mit 28
zu einer Überzeugung gelangen 10
gelingen 34
Gemälde 36
gemäß 8
genau 9, 32
genauso 9
Generation 15
genießen 24
Gesamtzusammenhang 13, 26
geschätzt 25
geschichtlich bedeutsam 14
Gesicht 37, 40
Gesichtsausdruck 37, 40
Gesichtspunkt 12
Gespräch 39
Gesprächsteilnehmer,-in 40

Geste 37, 39
gestelzt 32
gestern 5
gestern Abend 5
gestern Nacht 5
Gestik 37, 40
gestikulieren 40
Gewalt 28
gewöhnlich etw tun 5
glauben 7
glaubwürdig 21
gleich 11
gleichbedeutend sein mit 11
das Gleiche meinen 9
glücklich 27
grausam 25
Grenzsituation 14
grinsen 40
Größe 36
großformatig 36
großzügig 25
Grund 9, 14, 16, 23
grundlegend 13
Grüße 41, 42
Grußformel 41
gut 7, 25
halten von 7
Haltung 23, 37, 40
Hand 40
handeln 24
sich handeln um 12
Handlung 22, 26
Handlungsverlauf 26
harmonisch 23
häufig 5
Haupthandlung 26
Hauptperson 23
Hauptschauplatz 22
sich heben 28
das heißt 16
Held,-in 23
heldenhaft 25
hell 31
heraufbeschwören 33
sich herausstellen 17
hervorrufen 14, 21
herzlichen Dank 42
Herzlichkeit 24
heutzutage 15
hindurch 27
in … Hinsicht 23
hinter 36
Hintergrund 20, 36
historisch 14, 20
Hobby 41
höflich 25
Höflichkeit 24
Höhepunkt 27
Hörverstehensübung 39
humorvoll 27
Hyperbel 33
Ich-Erzähler 26
das lyrische Ich 29
sich identifizieren mit 26
Illustration 36
im Jahr … 5
immer gewesen sein 15

immer wieder 33
impulsiv 24
indem 7, 35
indirekte Rede 26
individuell 29
infolge von 14
Informationsquelle 18
informieren 34
im Inneren 38
innerer Monolog 26
inszenieren 28
Inszenierung 28
Interesse wecken für 34
international 21
Interview 39
interviewen 21, 39
introvertiert 24
inzwischen 6
Jahr 5, 22
Jahrhundert 13
jahrhundertelang 13
Jahrzehnt 13
jahrzehntelang 13
je nach 27
jede Woche 5
jeden Tag 5
jedes Jahr 5
Journalist,-in 18
Kapitel 12
Karikatur 36
karikierend 28
Karte 36
Kassette 39
Kathedrale 37
gekennzeichnet sein durch 13, 22
kindisch 25
Klangfülle 31
klar
klären 35
anders klingen 29
Klischee 33
Klugheit 24
Knoten 27
Kolumne 20
komisch 27
an den Tag kommen 21
Kommentar 19
Komödie 22
komplex 30
kompliziert 32
Konflikt 13
konfliktreich 23
konkret 21
können 38
Konsequenz 17
Konsonant 31
Kontext 11
sich konzentrieren auf 39
den Kopf schütteln 40
Körperhaltung 37, 40
körperlich 23
Kraft verleihen 31
Kreuzreim 30
Kritik 20
kritisieren 21, 34
kühn 24

Kummer 25
kurz 20
kurz gesagt 35
kurz nachdem 6
vor kurzem 5, 14
Kurzfilm 39
Kurzform 11
Küste 38
lächeln 40
Landesinneren 38
Landschaft 37
lang und breit 20
lange Zeit 13
langsam 13
lassen 10, 13, 33
lässig 37
lästig 25
Laut 31
laut 31
Leben 24, 28
lebendig 32, 38
lebenslustig 24
lebhaft 24
Legende 22
Leidenschaft 28
leidenschaftlich 32
Leitartikel 19
die Aufmerksamkeit lenken auf 34
lesen 31, 38
Leserbrief 19
letzter 12
liebe Grüße 41
liebenswürdig 40
Liebenswürdigkeit 40
lieber 41
links außen 36
listig 24
literarisch 32
lokal 18
lösen 7
sich lösen 27
Lösung 8, 27
Lösungsmöglichkeit 8
sich machen zu 34
manchmal 5
Märchen 22
Massenmedium 18
Maßnahmen ergreifen 8
mehrere 17
meinen 7, 8, 9, 10
Meinung 7, 9, 10
melodisch 31
Metapher 33
Methode 20
Metonymie 33
Mimik 39
mischen 27
mit sich selbst 29
Mitleid haben 24
Mitte 5, 36, 38
möglich 21
möglichst bald 8
Monolog 26
monoton 30
montags 5
Moral 22
morgens 5

Motiv 20, 23
Musikalität 31
man müsste 8
mutig 24
nach 5, 8
nach und nach 6
nachdem 6
nachdenken über 19
nachdenklich 24
Nachdruck legen auf 33
nachlassen 27
nachmittags 5
Nachnahme 42
Nachricht 19
Nachrichten 39
Nachrichtenagentur 18
nachtragend 25
nachts 5
Nähe 38
naiv 25
nämlich 8
natürlich 9
neben 36
Nebenfigur 23
Nebenhandlung 26, 27
Nebenschauplatz 22
negativ 15
oben genannt 12
Neologismus 11
nervös 25
nett 24
Neugier wecken 26
neulich 5
nicht ganz 10
nicken 40
Norden 38
nördlich 38
normalerweise 5
nötig 8
Notizen machen 39
Novelle 22
oben 12
objektiv 20
obwohl 17
oder eher 7
offen 27
offen gesagt 8
offensichtlich 34
offiziell 21
oft 5
ohne zu 38
Ort 22
Osten 38
östlich 38
Paarreim 30
Palast 37
parteiisch 26
Peripetie 27
Periphrase 33
Person 23
Personengruppe 36
Perspektive 26
Perspektivenwechsel 26
pflegen zu 5
Phase 13, 26
plädieren für 34
Plakat 36
Plan 36

Alphabetisches Verzeichnis des spanischen Lernwortschatzes

confirmar 35
conflictivo,-a 23
un conflicto 13
confuso,-a 25
conjeturar 23
connotar 11
una consecuencia 14, 17, 21
a consecuencia de 14
como consecuencia 14, 17
en consecuencia 17
conseguir (-i-) 34
consigo mismo,-a 29
por consiguiente 17
consistir en 16
una consonante 31
constantemente 33
constar de 29
constituir 26
contar (-ue-) 26
contener (-ie-) 21
depender del contexto 11
reconstruir todo el contexto 13
continuar (+ gerundio) 35
contradictorio,-a 35
contrario,-a 23
convencer 9, 10, 34
un convencimiento 10
una conversación 39
convertirse (-ie-) en 24, 27
convincente 9, 10
la prensa del corazón 18
la cordialidad 24
un/una corresponsal 18
corroborar 35
cortés 25
la cortesía 24
una novela corta 22
un cortometraje 39
ver una cosa 9
en la costa 38
crear 28
creer 7, 10
una crítica 20
criticar 34
criticar tajantemente 21
crítico,-a 27
cronológicamente 26
cronológico,-a 26
cruel 25
cruzado,-a 30
un cuadro 36
un cuadro de actores 28
la razón por la cual 9, 16
cuando 6
cuanto antes 8
en cuanto 6
en cuanto a 35
un cuarteto 29
en resumidas cuentas 17
tener (-ng-) en cuenta 9, 16
un cuento 22
el cuerpo de carta 41
culminante 27
culto,-a 32
la curiosidad 26
en el curso de 27

dar 7
dar igual 10
dar lugar a 14
datos estadísticos 21
de…a 13
debajo 36
deberse a 14, 16
debido a 16
una década 13
a decir verdad 8
es decir que 16
decir sí con la cabeza 40
decir no con la cabeza 40
decisivo,-a 12, 16, 23
declamatorio,-a 32
el decorado 28
dedicar a 29
defender (-ie-) 34, 35
definir 11
dejar algo 10
delante de 36
denotar 11
depender del contexto 11
a la derecha de 36
desarrollarse 13, 22, 27
desconcertado,-a 25
describir 21, 34
una descripción 20, 28
desde hace 14
desde…hasta 13
desempeñar un papel 23
el desenlace 27
desgarbado,-a 37
una despedida 41
despertar 26, 34
después 5, 6, 13, 35
después de que 6
destacar 35
un/una destinatario,-a 41
detallado,-a 20, 28
con todo lujo de detalles 20
un detalle 20, 37
detenerse (-ng-)19
deteriorado,-a 15
determinante 16
detrás de 36
un día 5
día a día 5
hoy en día 15
todos los días 5
dialógico,-a 30
un diálogo 29
un diario 19
un dibujo 36
a diferencia de 10
la dimensión 36
una dimensión 16
un diminutivo 11
una dirección 41
directamente 40
en estilo directo 21, 26
un director 19, 28
dirigir la palabra a 20
dirigirse a 40
un disco 39
un disco compacto 39
discreto,-a 24

discutir 35
disminuir 27
disonar (-ue-) de 29
hay … km de distancia 38
distinto,-a 10
divertir 34
estar dividido,-a en 26
poder dividirse en 13, 29
doblado,-a 39
el doblaje 39
un documental 39
un documento 21
un drama 22
una dramatización de un hecho real 22
un/una dramaturgo,-a 28, 33
una duda 8
de una cosa no cabe duda 8
dulce 24
durante mucho tiempo 13
durar 13
echar un vistazo a 19
una edición 18
un edificio 37
un editor, una editora 18
un editorial 19
efectuar un cambio 13
efectuarse 27
egoísta 25
un ejemplo 21
un ejercicio de comprensión auditiva 39
el (+ Datum) 5
sin embargo 17
emotivo,-a 28, 32
empeorado,-a 15
emplear 32
en (+ Jahreszahl) 5
en absoluto 10
encantar 24
encarnar 28
encima de 36
encontrarse (-ue-) 38
una encuesta 21
endecasílabo 29
enérgico,-a 24
poner énfasis en 33
enfático,-a 33
enfrente de 36
un enigma 27
ensayar 28
a mi entender 8
no entender nada (-ie-)10
entonces 5, 35
en aquel entonces 5
entre 38
entretanto 6
entretener 34
una entrevista 39
conceder una entrevista 39
entrevistar 21, 39
una enumeración 21, 33
un episodio 14, 27
una época 5, 13
una época de transición 13

un error 25
esbozar 20
una escena 22, 28, 37
poner en escena 28
un escenario 13, 22, 28
escoger 32
un escritor, una escritora 12
esdrújulo,-a 30
eso no es así 9
eso no es verdad 9
eso es 9
nada de eso 9
por eso 16, 17
un espacio principal 22
un espacio secundario 22
la prensa especializada 18
un/una espectador,-a 28
en espera de 42
una estadística 21
estadístico,-a 21
un estado anímico 29
estar 38
estar a … km de (distancia de) 38
el este 38
estilístico,-a 32
en estilo directo 21, 26
en estilo indirecto 26
estimado,-a señor,a 41, 42
estimado,-a 25
aparte de esto 16
un estribillo 29
una estrofa 29
una estructura 30
una etapa 13, 16
un eufemismo 33
evidente 34
evocar 33
exactamente 9
exacto,-a 32
excitarse 25
una exclamación 33
mutuamente excluyentes 23
exhortar 34
existir 15
el éxito 28
explicar 34,
explicar una posible consecuencia 21
exponer (-ng-) 20, 21, 34, 35
expresar 29
expresar cómo 38
una expresión 32, 38
la expresión de la cara 37
expresivo,-a 40
extraído,-a de 35
extraordinario,-a 33
una fábula 22
una faceta 16
un factor 16
hace falta 8
hace poco tiempo 14
desde hace 14
familiar 32
una fase 13, 26

fastidioso,-a 25
fatal 27
la fecha 41
una fecha clave 14
fehaciente 21
feliz 27
fiarse de 24
fiel 25
fijarse en 39
al fin 6
en fin 16
por fin 6
el final 27
al final 6, 12, 13, 27, 35
a finales de 5
finalizar 27
finalmente 6
físico,-a 23, 37, 40
la fisonomía 37
folclórico,-a 29
al fondo 36
una forma de solucionar el problema 8
formar 38
formar una opinión clara 10
una foto(grafía) 36
un fragmento 19
la franqueza 8
fruncir el ceño 40
una fuente de información 18
una fuente 21, 35
la fuerza 31
una función 28
una generación 15
general 28
de lo general a lo particular 30
generalmente 5
gesticular 40
el gesto 37, 40
los gestos 37, 39
un giro 27
un globo 38
gozar de 24
una grabación 39
un grabado 36
gradual 13
la gratitud 25
un grupo de personas 36
gustar 24
habría que 8
hablar de 12
hablar sobre 35
hablar con franqueza 8
hablar con las manos 40
ni hablar, eso no es así 9
hace poco 5
hace de 34
hacer amistades 24
hacer mención de 12
hacerse un relato realista 20
hasta 6, 14
hasta que 6
desde…hasta 13
no hay que 8